# This Mind Tracker Belong To:

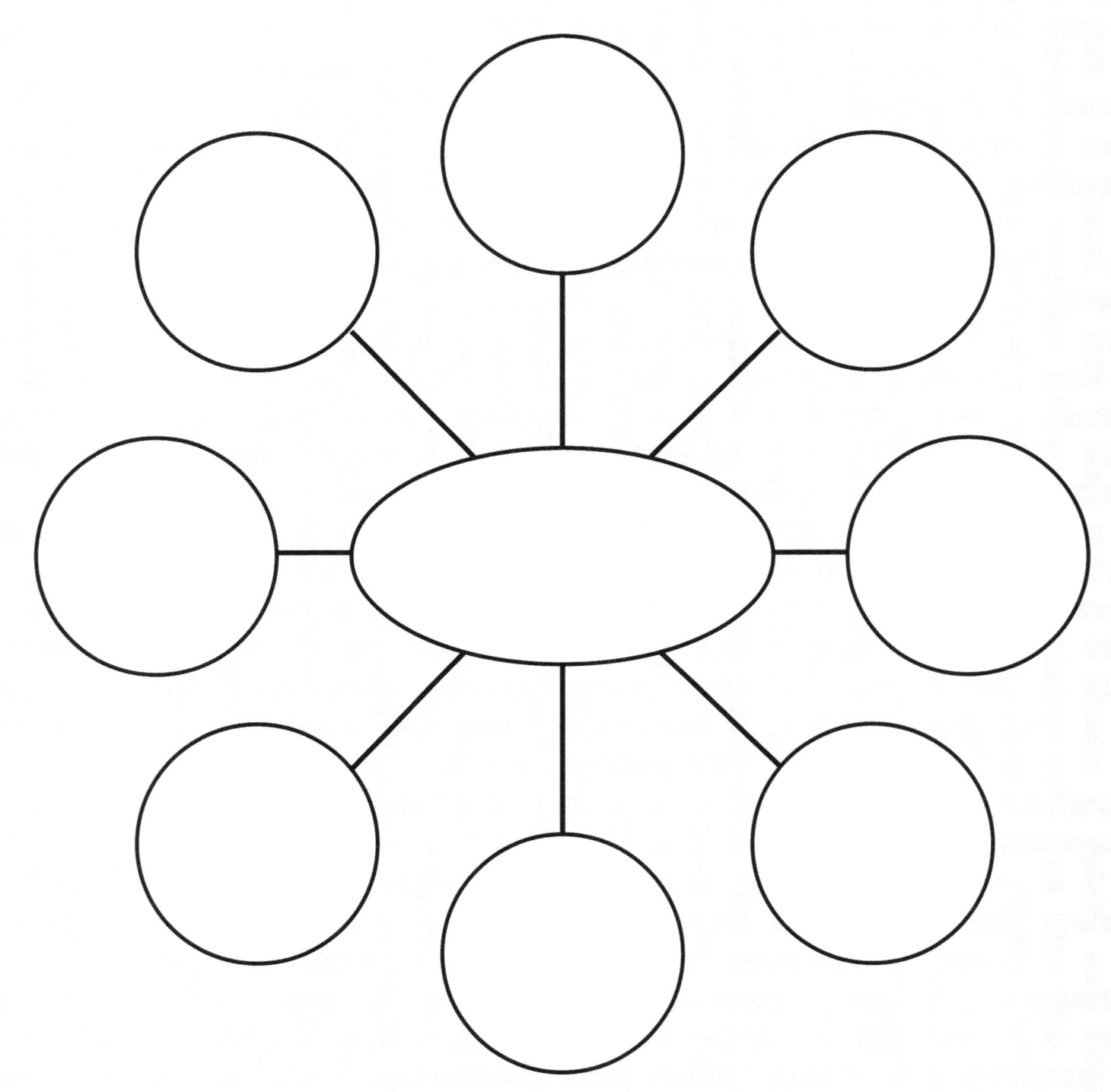

# Mind Tracker

| Goal | Goal |
|---|---|
|  |  |

## Steps

- ○
- ○
- ○
- ○
- ○
- ○
- ○
- ○
- ○
- ○
- ○
- ○
- ○

## Steps

- ○
- ○
- ○
- ○
- ○
- ○
- ○
- ○
- ○
- ○
- ○
- ○
- ○

| Results | Results |
|---|---|
|  |  |

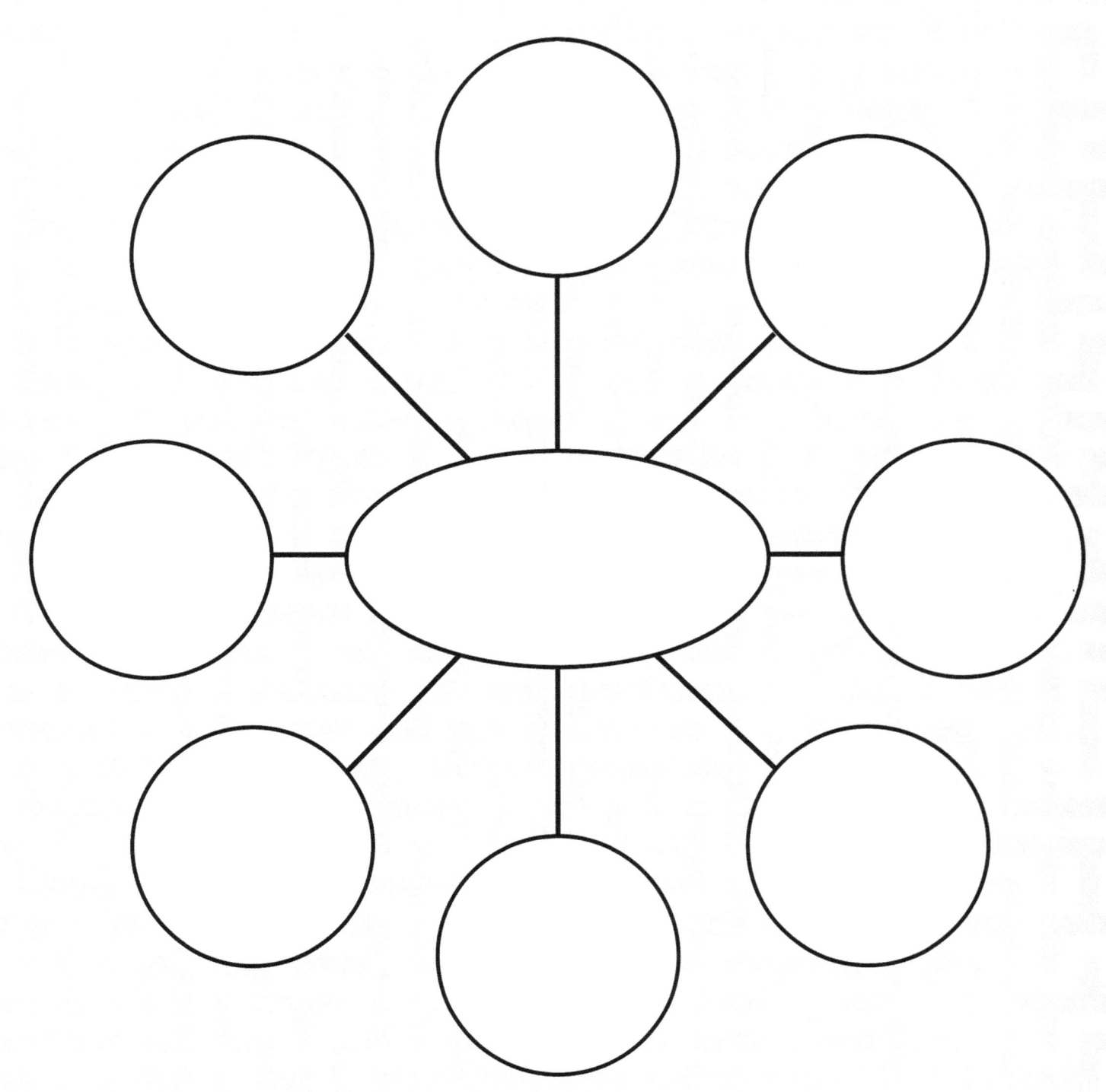

# Mind Tracker

Goal

Goal

## Steps

- ○
- ○
- ○
- ○
- ○
- ○
- ○
- ○
- ○
- ○
- ○
- ○

## Steps

- ○
- ○
- ○
- ○
- ○
- ○
- ○
- ○
- ○
- ○
- ○
- ○

Results

Results

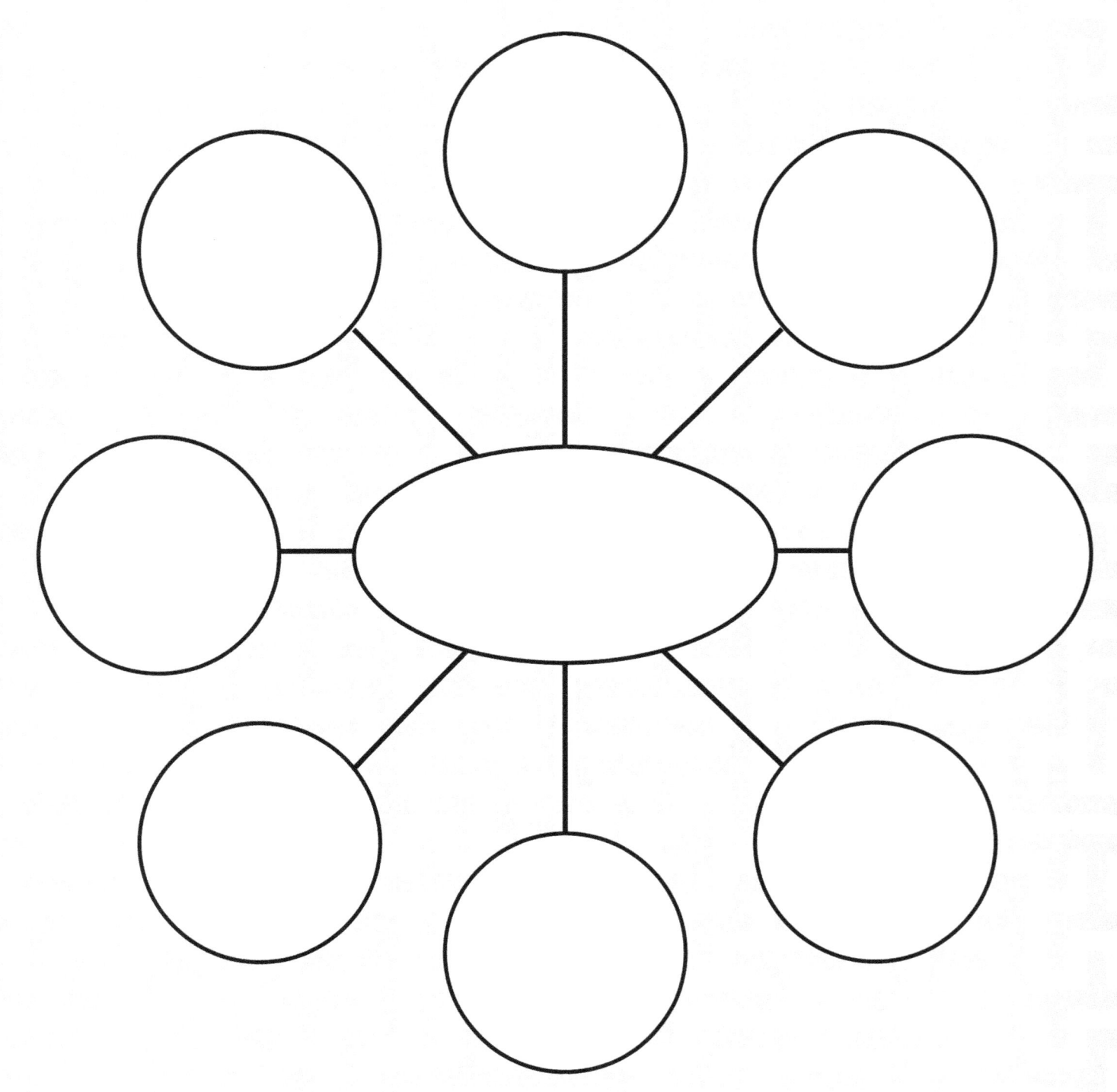

# Mind Tracker

Goal

Goal

## Steps

○
○
○
○
○
○
○
○
○
○
○
○
○

## Steps

○
○
○
○
○
○
○
○
○
○
○
○
○

Results

Results

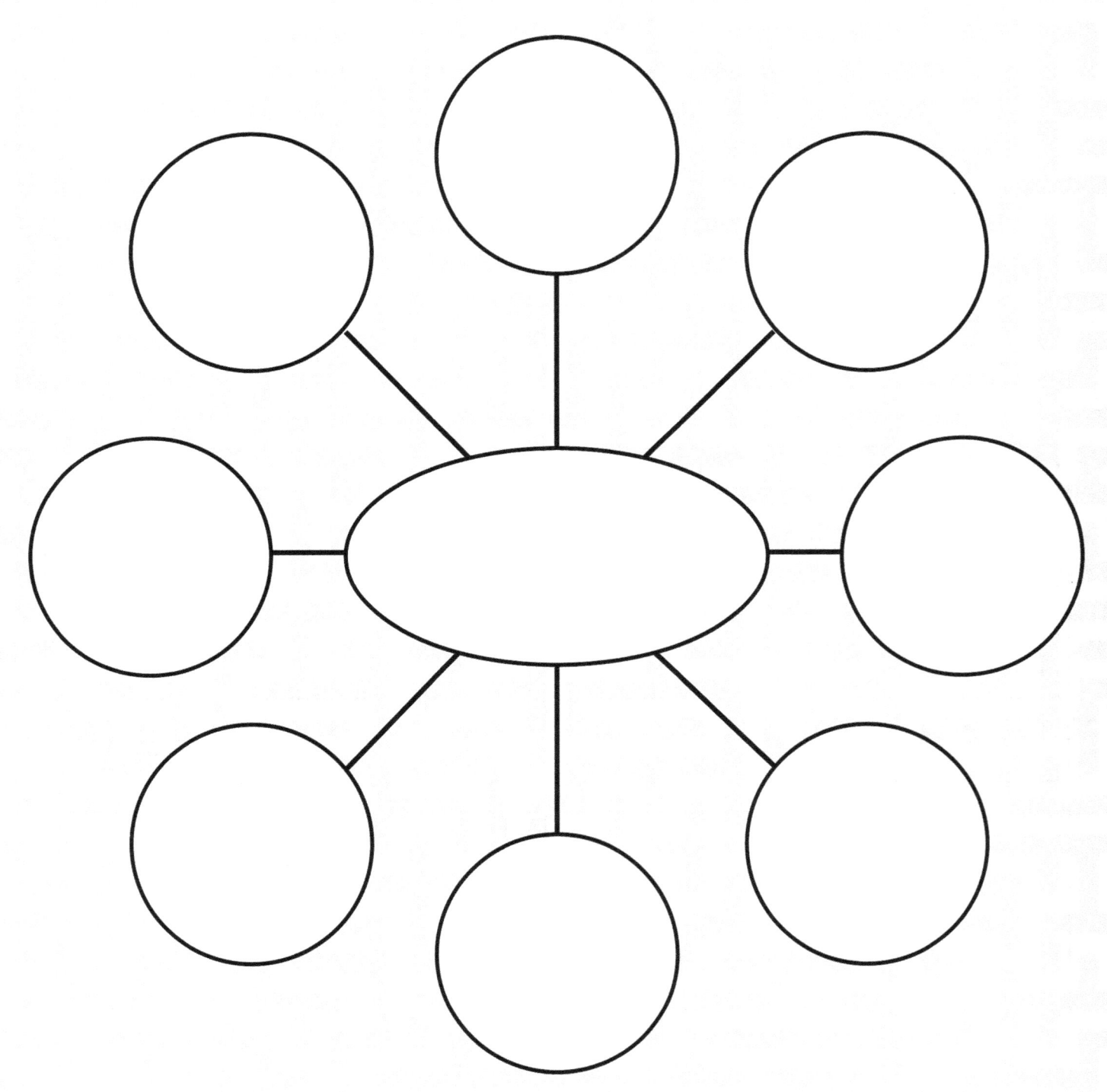

# Mind Tracker

| Goal | Goal |
|---|---|
|  |  |

| Steps | Steps |
|---|---|
| ○ ------- | ○ ------- |
| ○ ------- | ○ ------- |
| ○ ------- | ○ ------- |
| ○ ------- | ○ ------- |
| ○ ------- | ○ ------- |
| ○ ------- | ○ ------- |
| ○ ------- | ○ ------- |
| ○ ------- | ○ ------- |
| ○ ------- | ○ ------- |
| ○ ------- | ○ ------- |
| ○ ------- | ○ ------- |
| ○ ------- | ○ ------- |

| Results | Results |
|---|---|
|  |  |

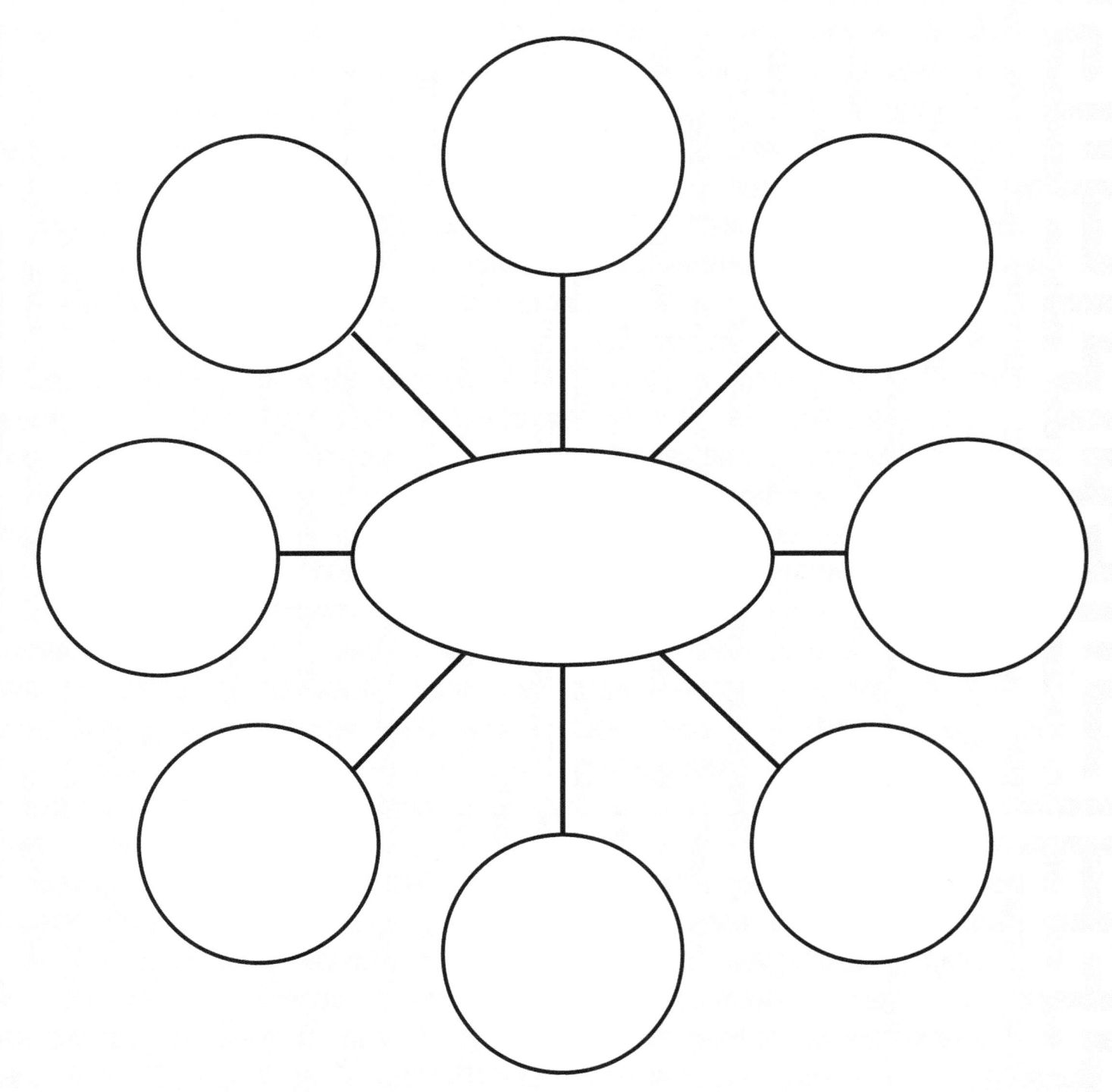

# Mind Tracker

| Goal | Goal |
|---|---|
|  |  |

| Steps | Steps |
|---|---|
| ○ | ○ |
| ○ | ○ |
| ○ | ○ |
| ○ | ○ |
| ○ | ○ |
| ○ | ○ |
| ○ | ○ |
| ○ | ○ |
| ○ | ○ |
| ○ | ○ |
| ○ | ○ |
| ○ | ○ |

| Results | Results |
|---|---|
|  |  |

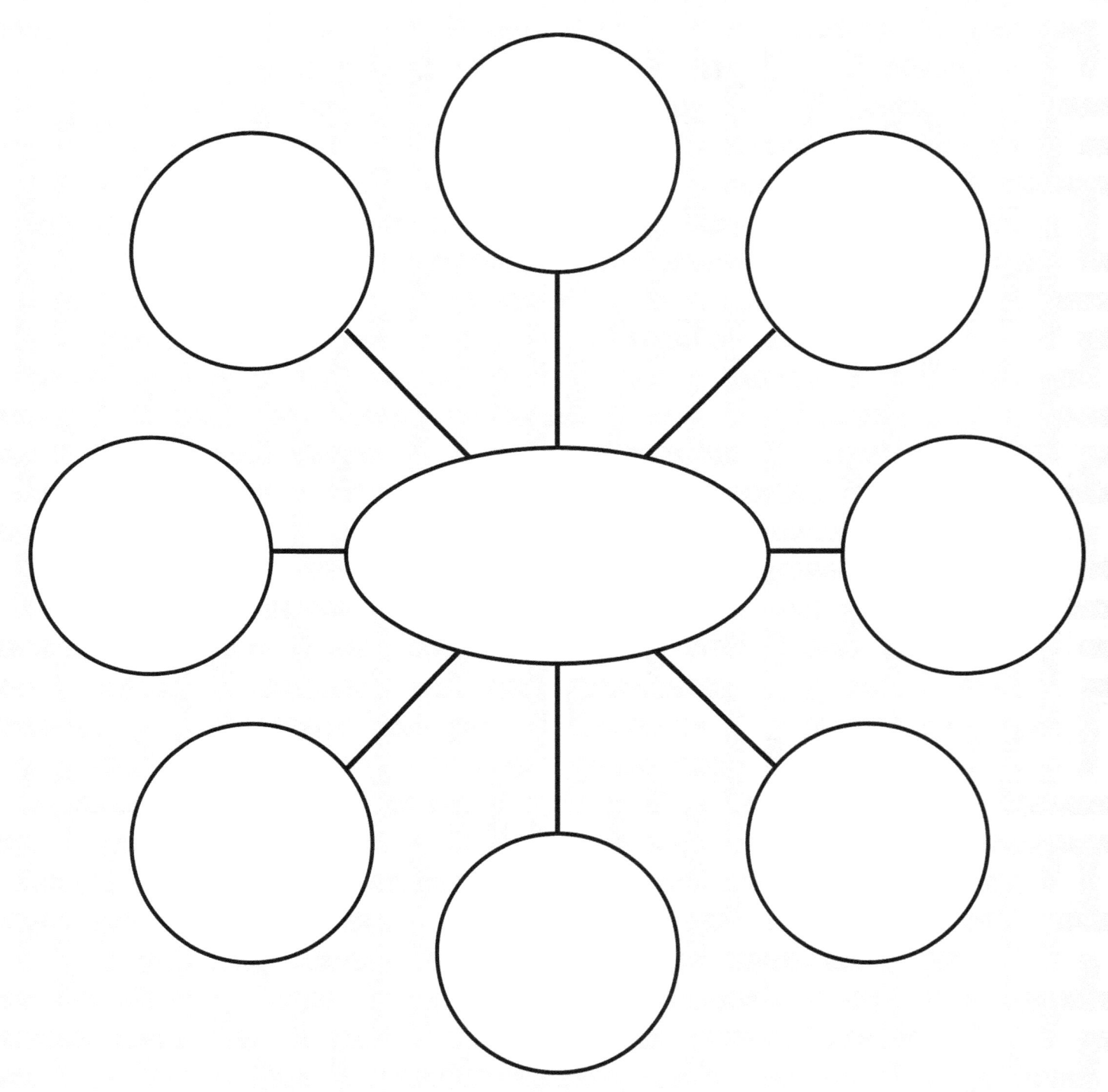

# Mind Tracker

| Goal | Goal |
|---|---|
|  |  |

| Steps | Steps |
|---|---|
| ○ | ○ |
| ○ | ○ |
| ○ | ○ |
| ○ | ○ |
| ○ | ○ |
| ○ | ○ |
| ○ | ○ |
| ○ | ○ |
| ○ | ○ |
| ○ | ○ |
| ○ | ○ |
| ○ | ○ |

| Results | Results |
|---|---|
|  |  |

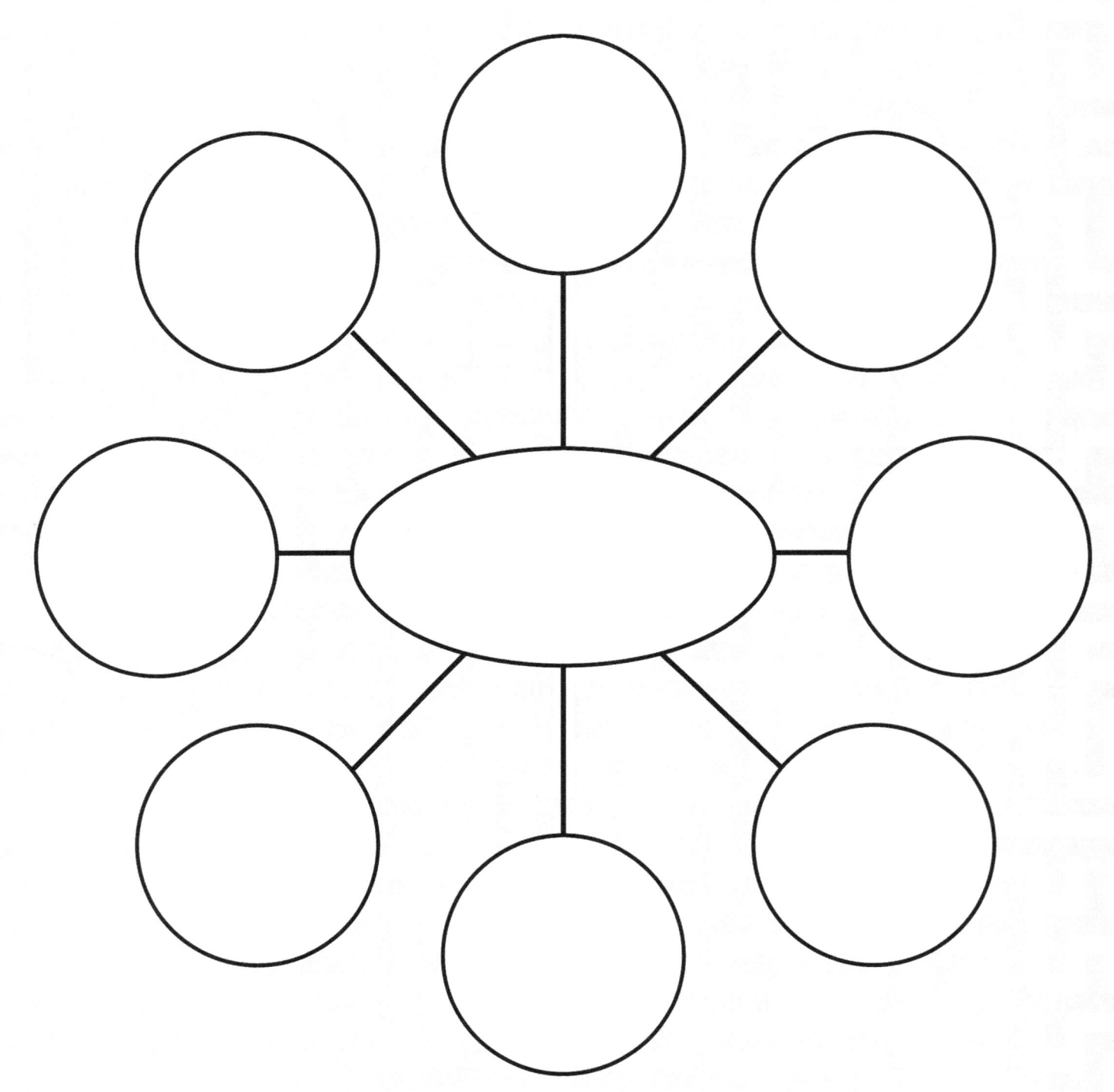

# Mind Tracker

Goal

## Steps
- 
- 
- 
- 
- 
- 
- 
- 
- 
- 
- 
- 
- 

Results

Goal

## Steps
- 
- 
- 
- 
- 
- 
- 
- 
- 
- 
- 
- 
- 

Results

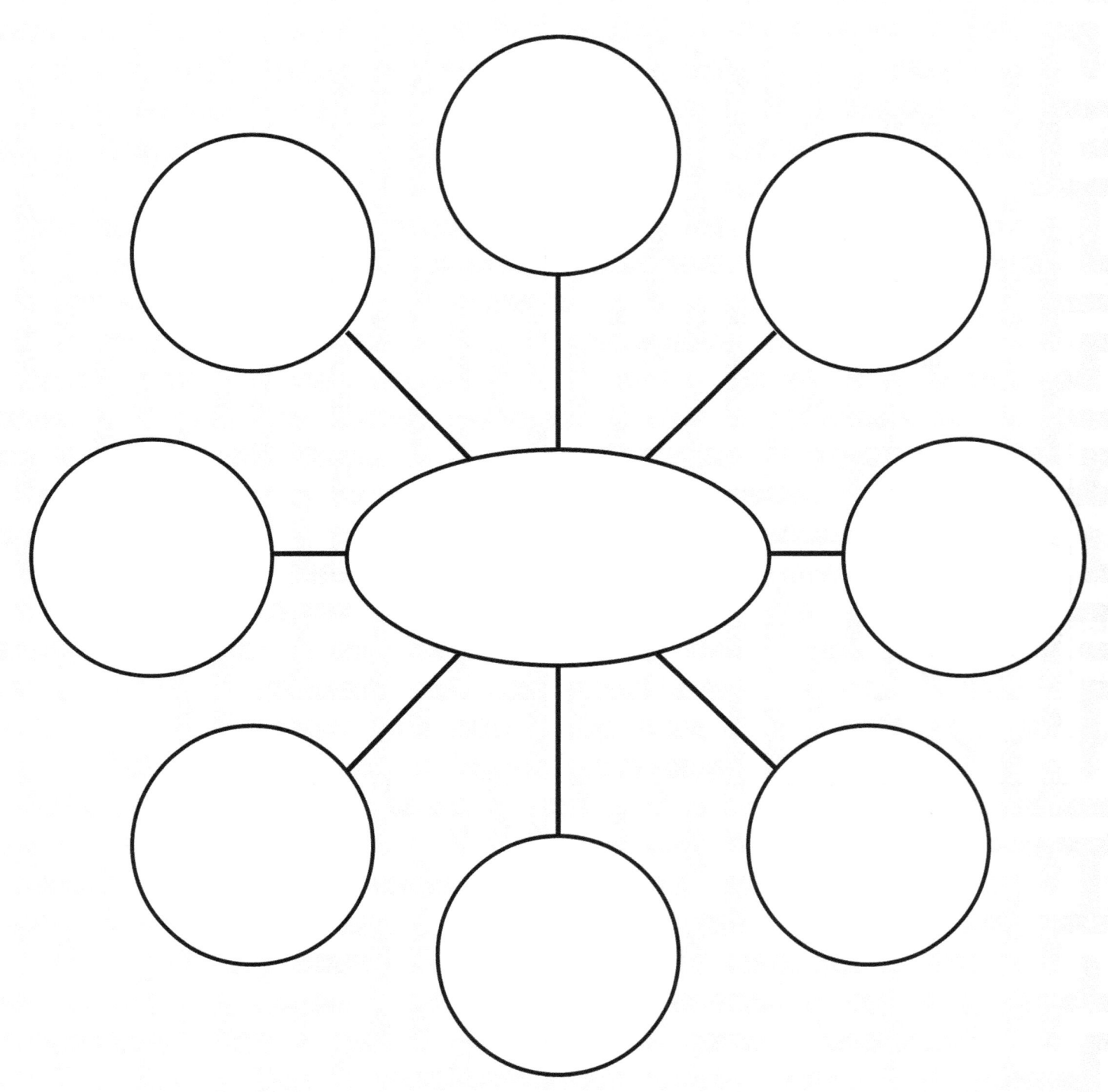

# Mind Tracker

| Goal | Goal |
|---|---|
|  |  |

| Steps | Steps |
|---|---|
| ○ | ○ |
| ○ | ○ |
| ○ | ○ |
| ○ | ○ |
| ○ | ○ |
| ○ | ○ |
| ○ | ○ |
| ○ | ○ |
| ○ | ○ |
| ○ | ○ |
| ○ | ○ |
| ○ | ○ |

| Results | Results |
|---|---|
|  |  |

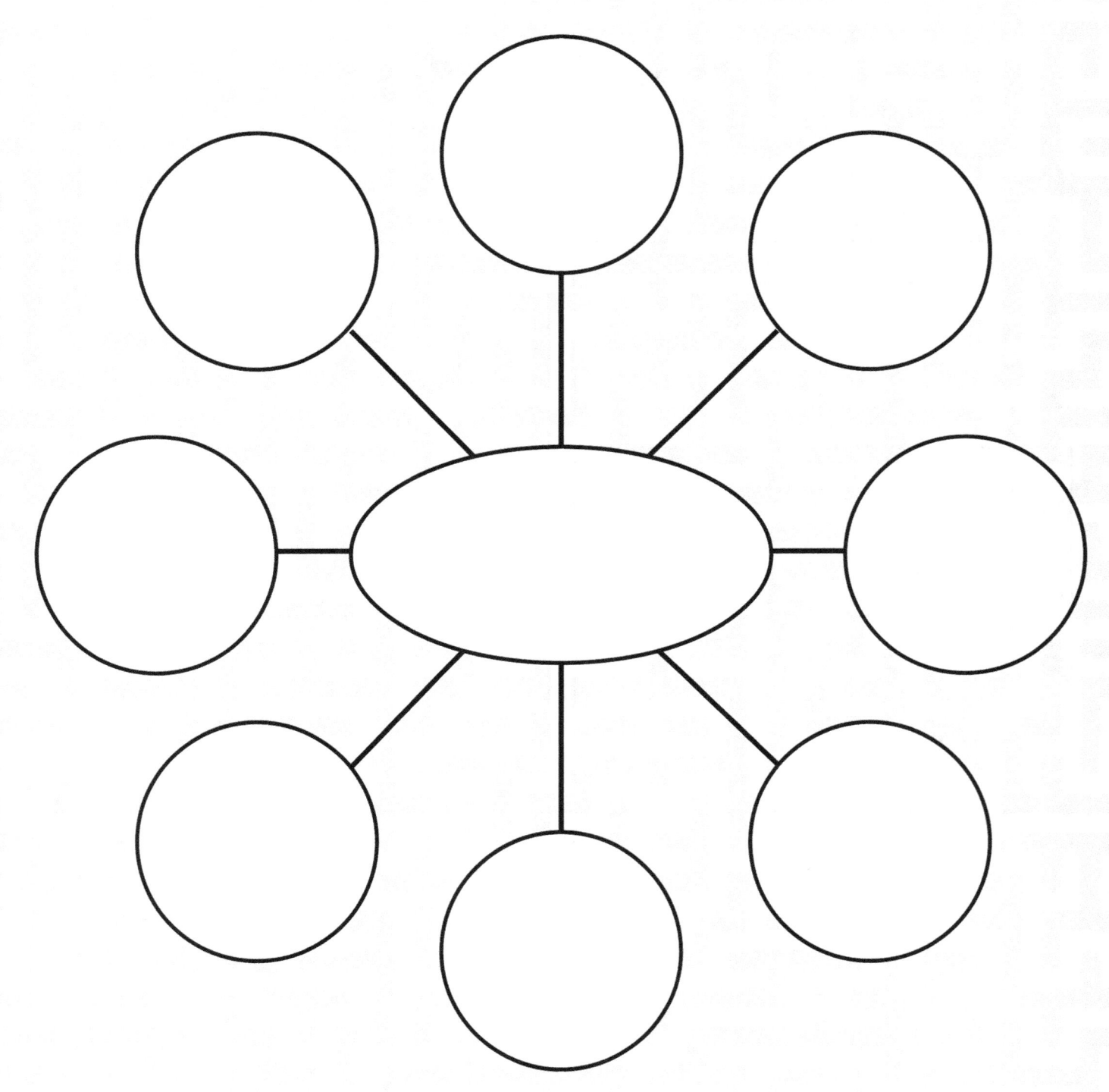

# Mind Tracker

| Goal | Goal |
|---|---|
|  |  |

| Steps | Steps |
|---|---|
| ○ | ○ |
| ○ | ○ |
| ○ | ○ |
| ○ | ○ |
| ○ | ○ |
| ○ | ○ |
| ○ | ○ |
| ○ | ○ |
| ○ | ○ |
| ○ | ○ |
| ○ | ○ |
| ○ | ○ |

| Results | Results |
|---|---|
|  |  |

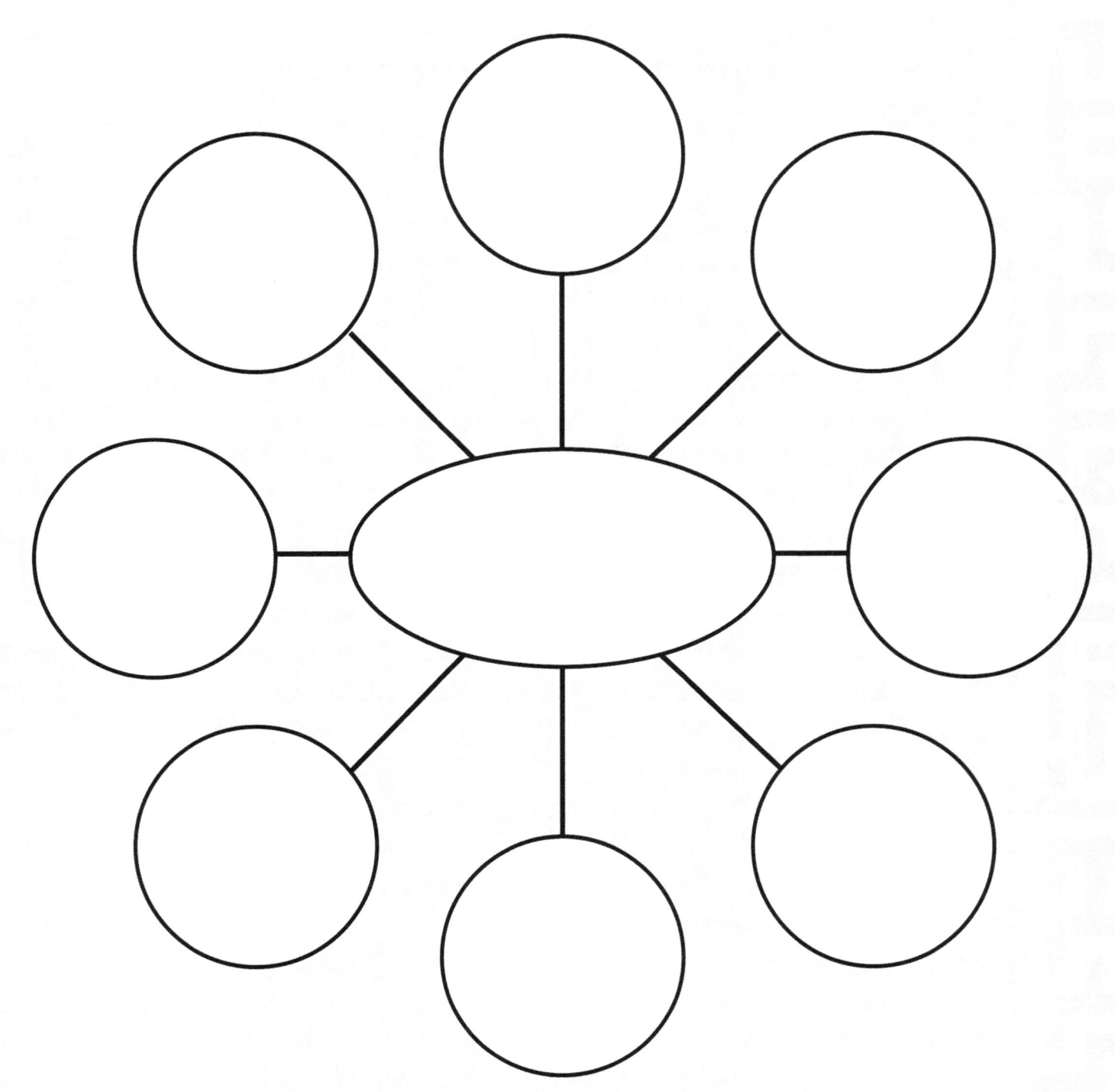

# Mind Tracker

| Goal | Goal |
|---|---|
|  |  |

| Steps | Steps |
|---|---|
| ○ | ○ |
| ○ | ○ |
| ○ | ○ |
| ○ | ○ |
| ○ | ○ |
| ○ | ○ |
| ○ | ○ |
| ○ | ○ |
| ○ | ○ |
| ○ | ○ |
| ○ | ○ |
| ○ | ○ |

| Results | Results |
|---|---|
|  |  |

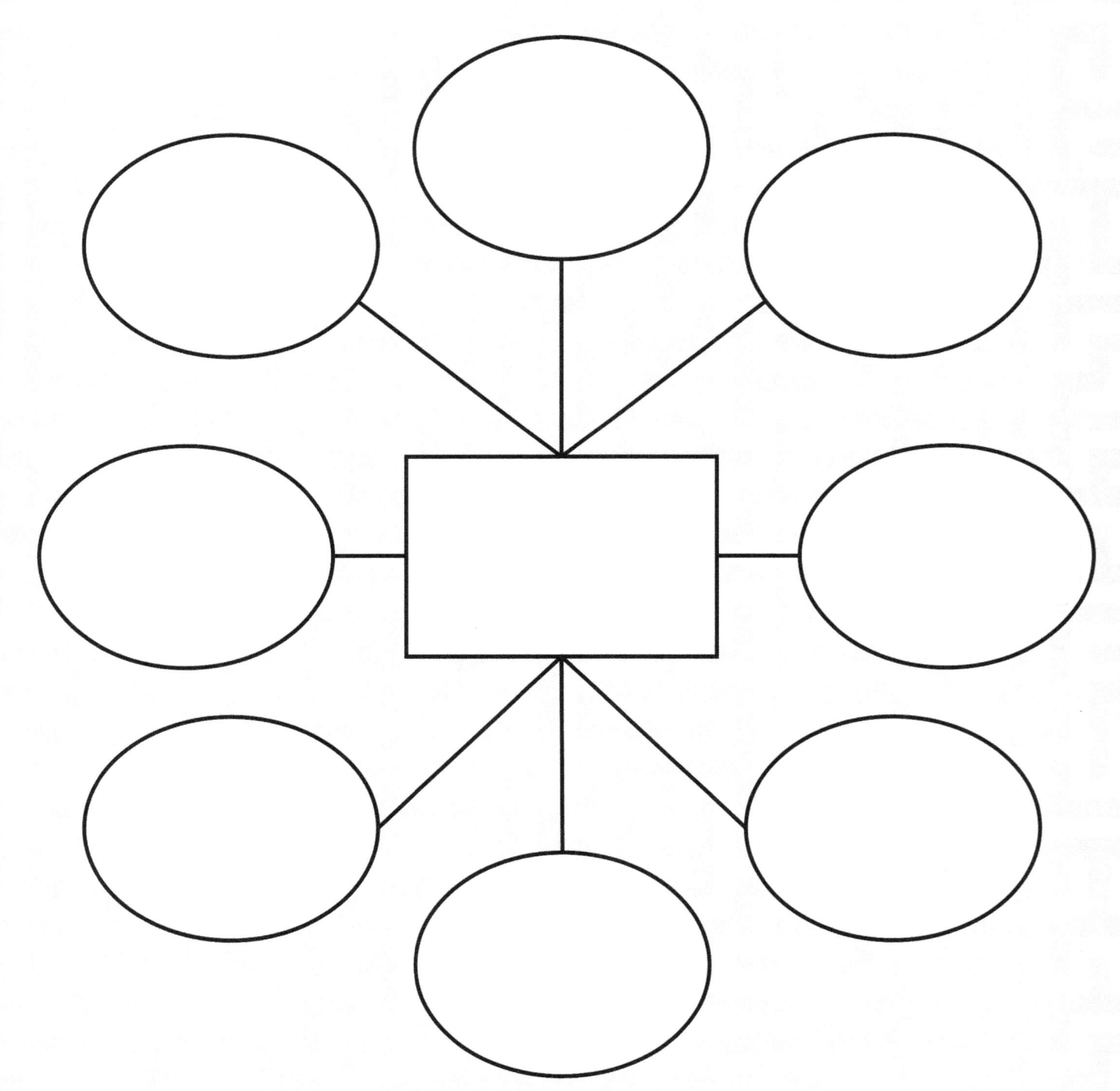

# Mind Tracker

| Goal | Goal |
|---|---|
|  |  |

## Steps

- ○
- ○
- ○
- ○
- ○
- ○
- ○
- ○
- ○
- ○
- ○
- ○

## Steps

- ○
- ○
- ○
- ○
- ○
- ○
- ○
- ○
- ○
- ○
- ○
- ○

| Results | Results |
|---|---|
|  |  |

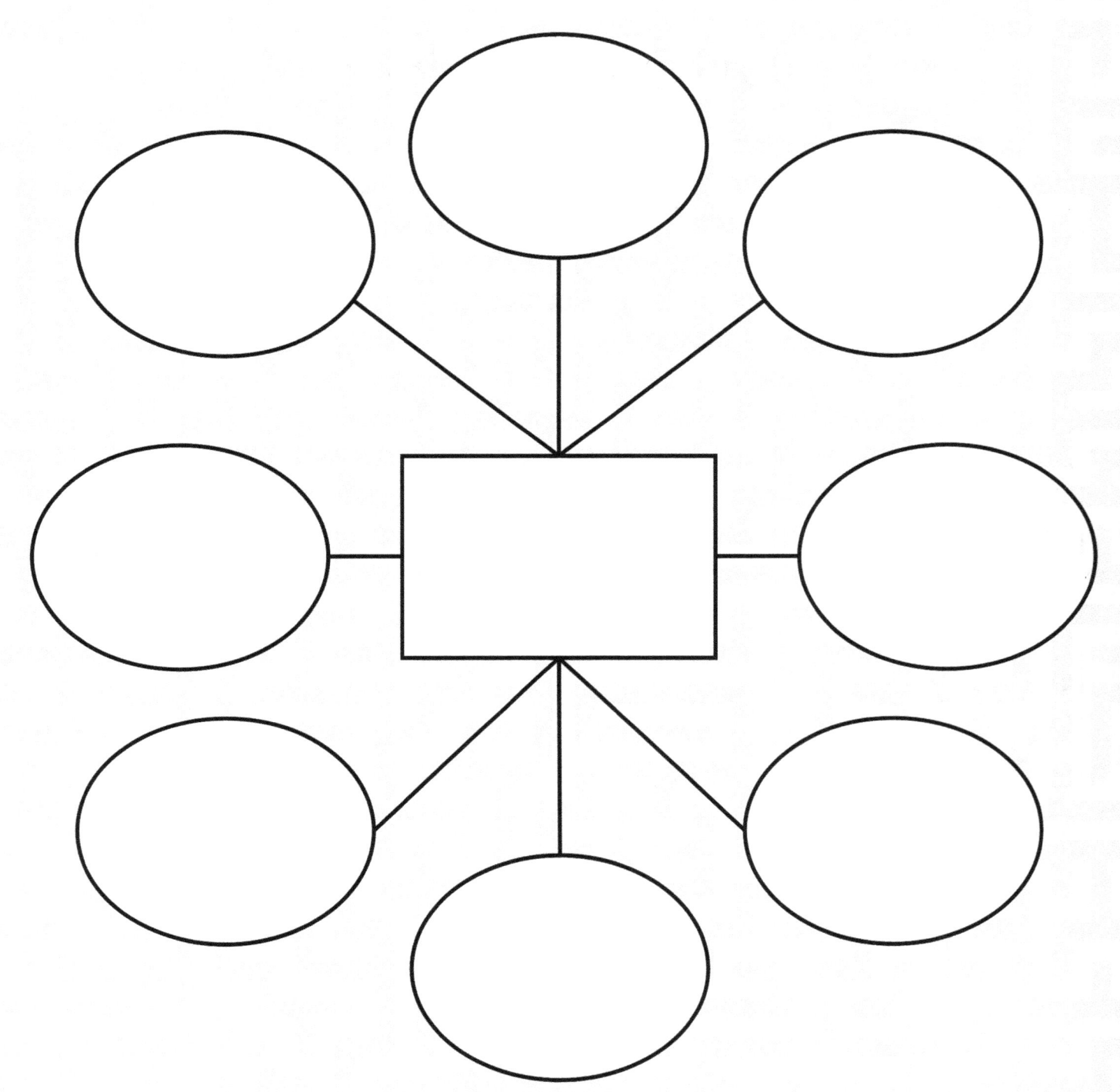

# Mind Tracker

| Goal | Goal |
|---|---|
|  |  |

| Steps | Steps |
|---|---|
| ○ | ○ |
| ○ | ○ |
| ○ | ○ |
| ○ | ○ |
| ○ | ○ |
| ○ | ○ |
| ○ | ○ |
| ○ | ○ |
| ○ | ○ |
| ○ | ○ |
| ○ | ○ |
| ○ | ○ |

| Results | Results |
|---|---|
|  |  |

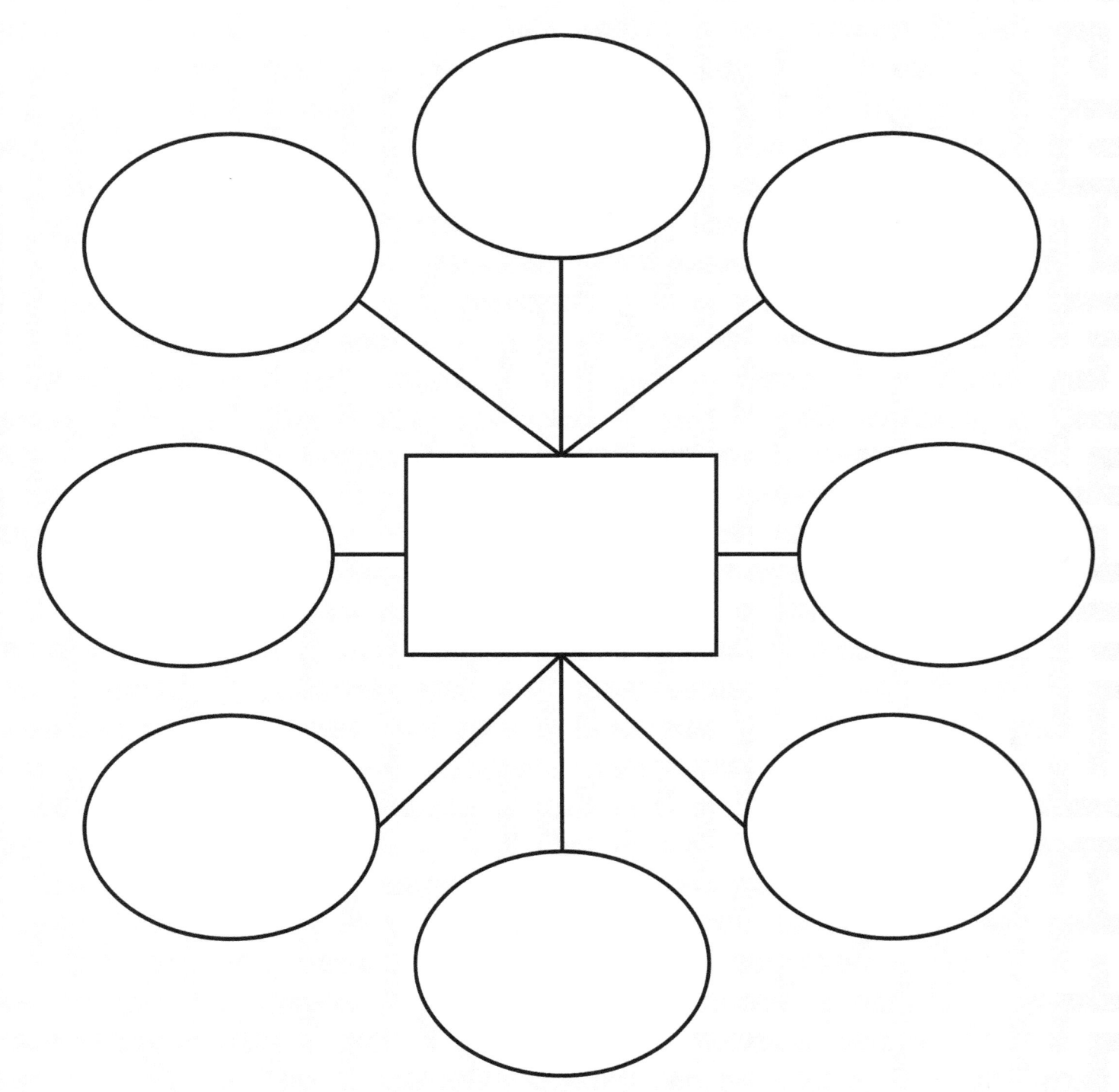

# Mind Tracker

| Goal | Goal |
|---|---|
| | |

| Steps | Steps |
|---|---|
| ○ | ○ |
| ○ | ○ |
| ○ | ○ |
| ○ | ○ |
| ○ | ○ |
| ○ | ○ |
| ○ | ○ |
| ○ | ○ |
| ○ | ○ |
| ○ | ○ |
| ○ | ○ |
| ○ | ○ |

| Results | Results |
|---|---|
| | |

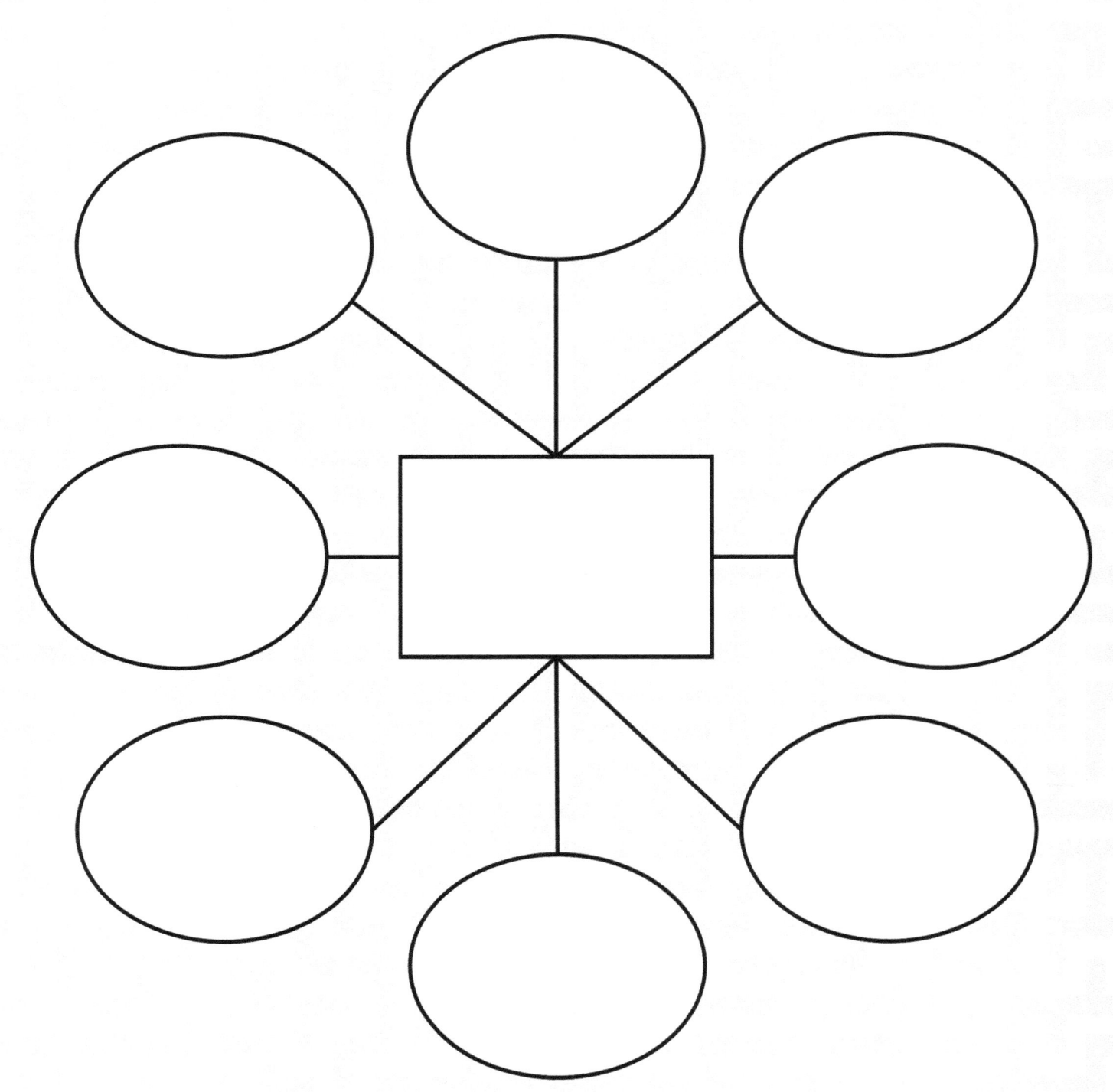

# Mind Tracker

| Goal | Goal |
|---|---|
| | |

### Steps

- ◯ ............................................
- ◯ ............................................
- ◯ ............................................
- ◯ ............................................
- ◯ ............................................
- ◯ ............................................
- ◯ ............................................
- ◯ ............................................
- ◯ ............................................
- ◯ ............................................
- ◯ ............................................
- ◯ ............................................

### Steps

- ◯ ............................................
- ◯ ............................................
- ◯ ............................................
- ◯ ............................................
- ◯ ............................................
- ◯ ............................................
- ◯ ............................................
- ◯ ............................................
- ◯ ............................................
- ◯ ............................................
- ◯ ............................................
- ◯ ............................................

| Results | Results |
|---|---|
| | |

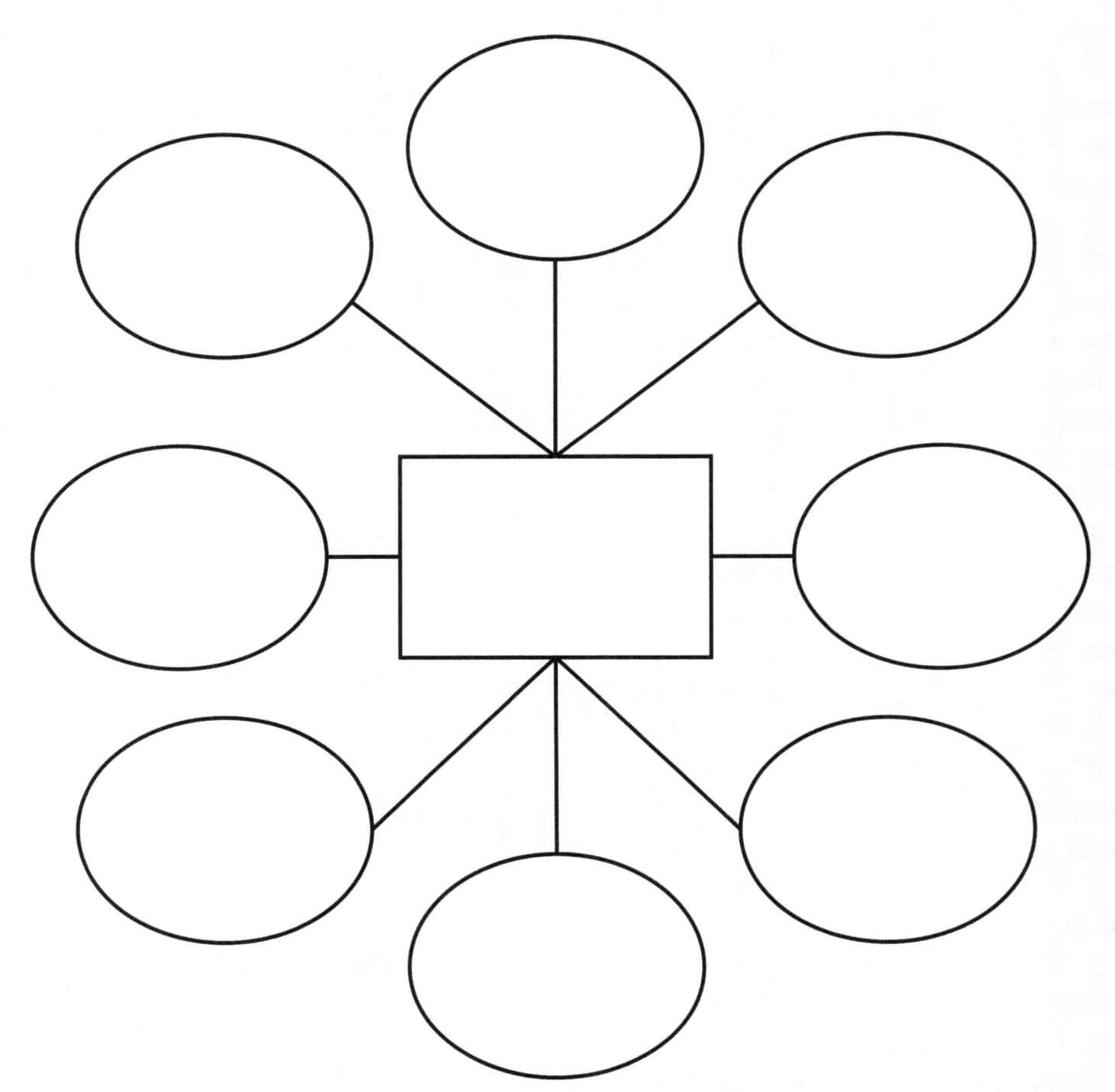

# Mind Tracker

Goal

Goal

## Steps

- ○
- ○
- ○
- ○
- ○
- ○
- ○
- ○
- ○
- ○
- ○
- ○

## Steps

- ○
- ○
- ○
- ○
- ○
- ○
- ○
- ○
- ○
- ○
- ○
- ○

Results

Results

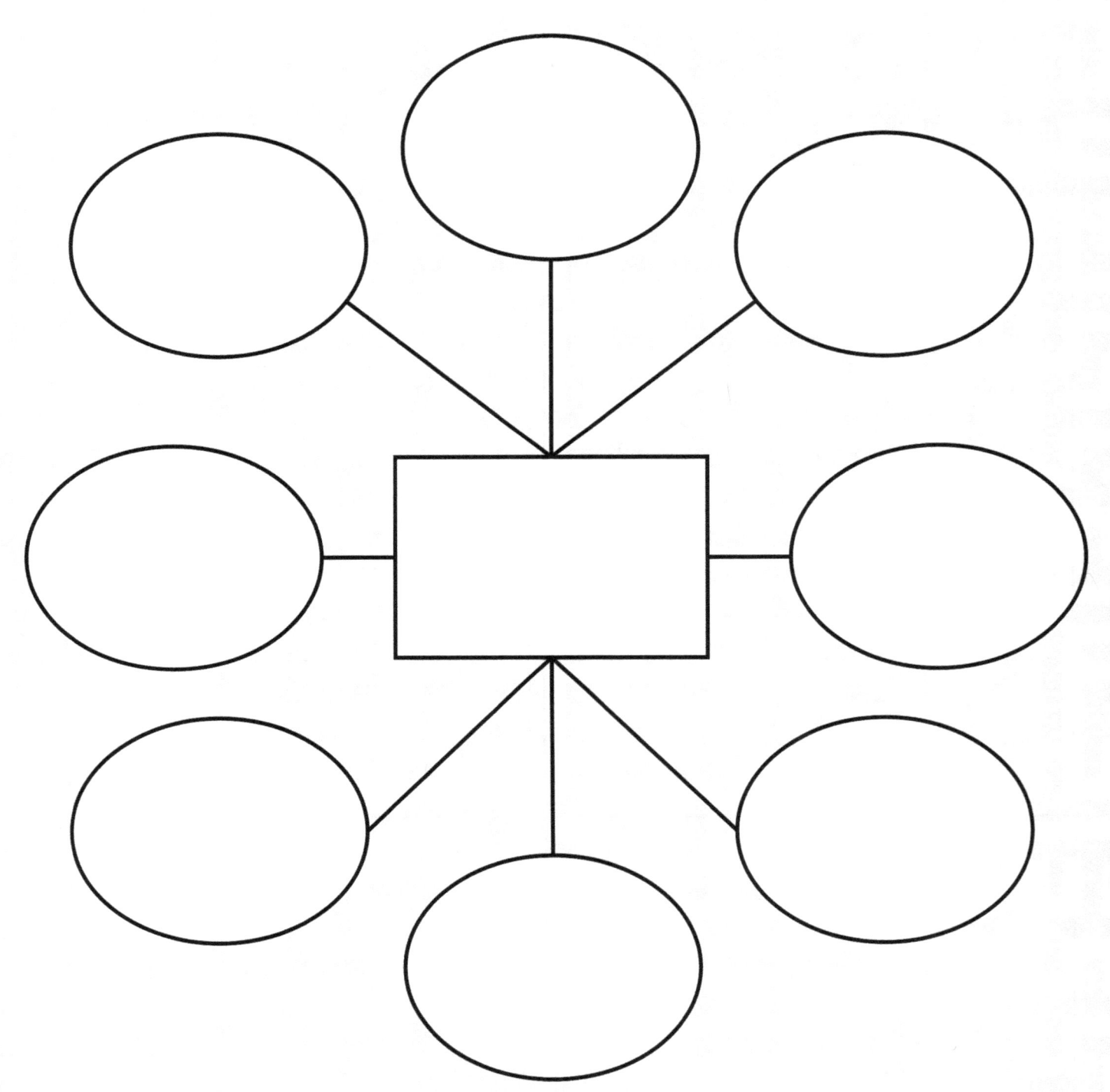

# Mind Tracker

Goal

Goal

## Steps

- 
- 
- 
- 
- 
- 
- 
- 
- 
- 
- 
- 

## Steps

- 
- 
- 
- 
- 
- 
- 
- 
- 
- 
- 
- 

Results

Results

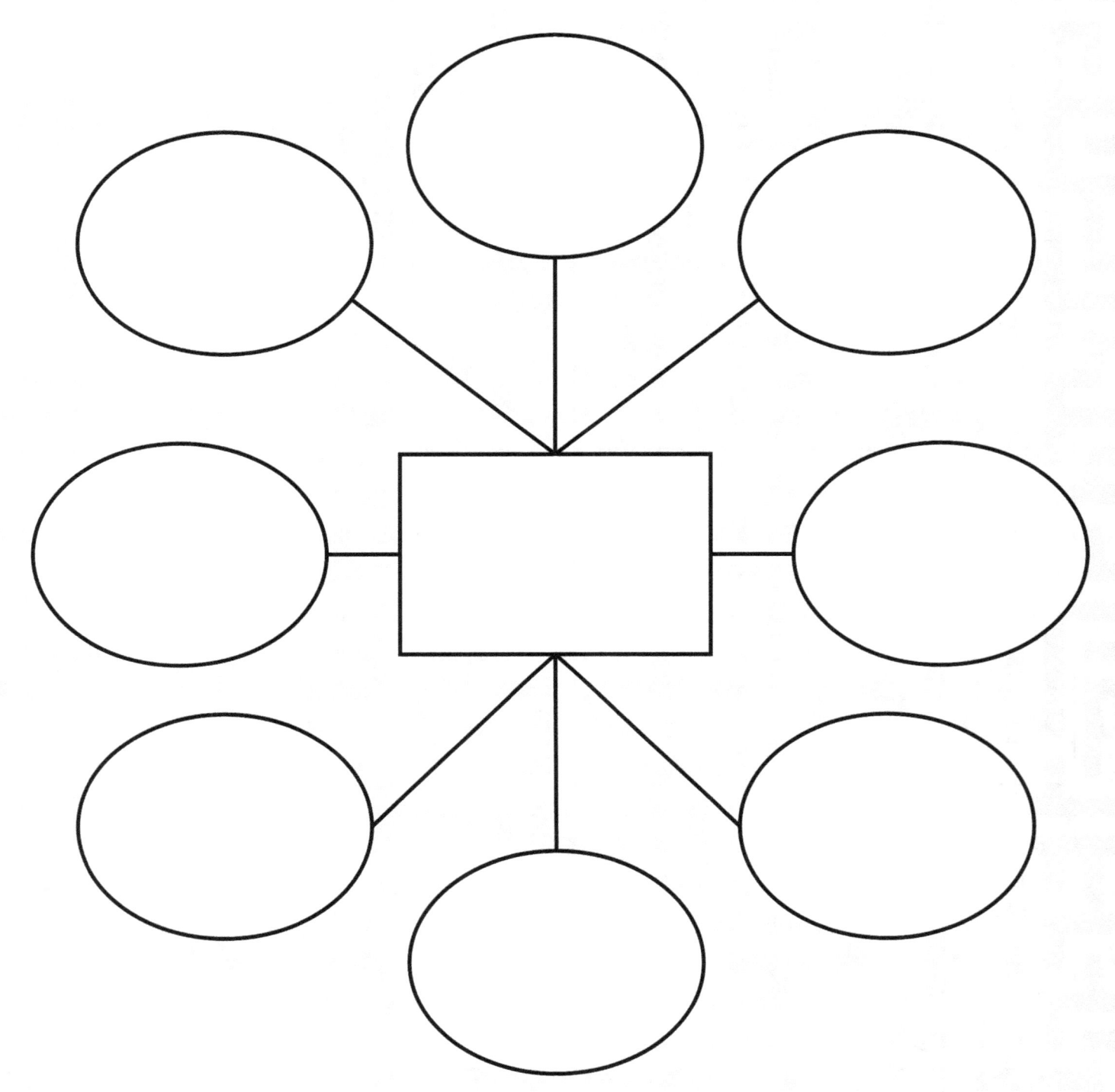

# Mind Tracker

| Goal | Goal |
|---|---|
|  |  |

| Steps | Steps |
|---|---|
| ○ | ○ |
| ○ | ○ |
| ○ | ○ |
| ○ | ○ |
| ○ | ○ |
| ○ | ○ |
| ○ | ○ |
| ○ | ○ |
| ○ | ○ |
| ○ | ○ |
| ○ | ○ |
| ○ | ○ |

| Results | Results |
|---|---|
|  |  |

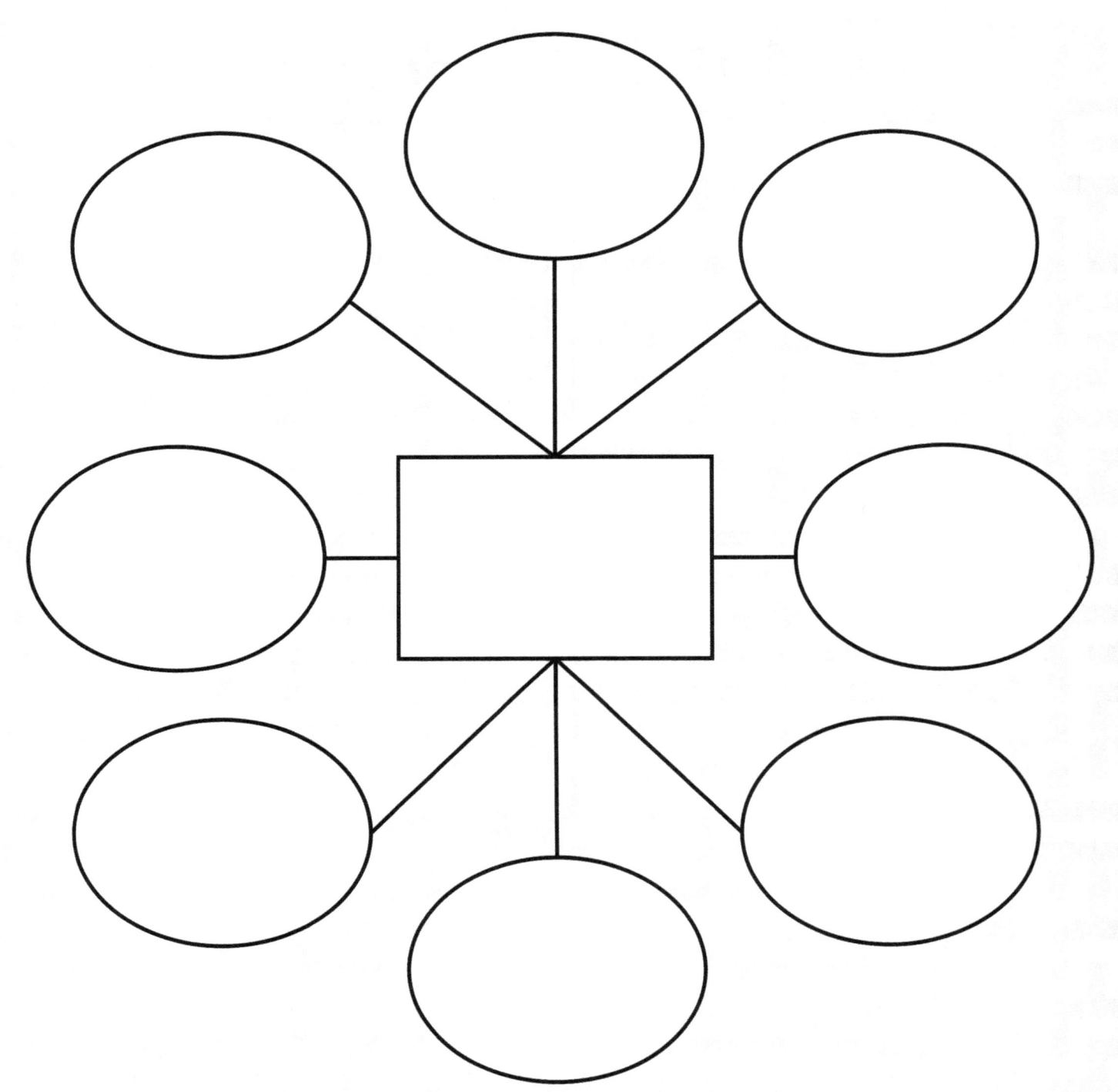

# Mind Tracker

| Goal | Goal |
|---|---|
|  |  |

| Steps | Steps |
|---|---|
| ○ ............... | ○ ............... |
| ○ ............... | ○ ............... |
| ○ ............... | ○ ............... |
| ○ ............... | ○ ............... |
| ○ ............... | ○ ............... |
| ○ ............... | ○ ............... |
| ○ ............... | ○ ............... |
| ○ ............... | ○ ............... |
| ○ ............... | ○ ............... |
| ○ ............... | ○ ............... |
| ○ ............... | ○ ............... |
| ○ ............... | ○ ............... |

| Results | Results |
|---|---|
|  |  |

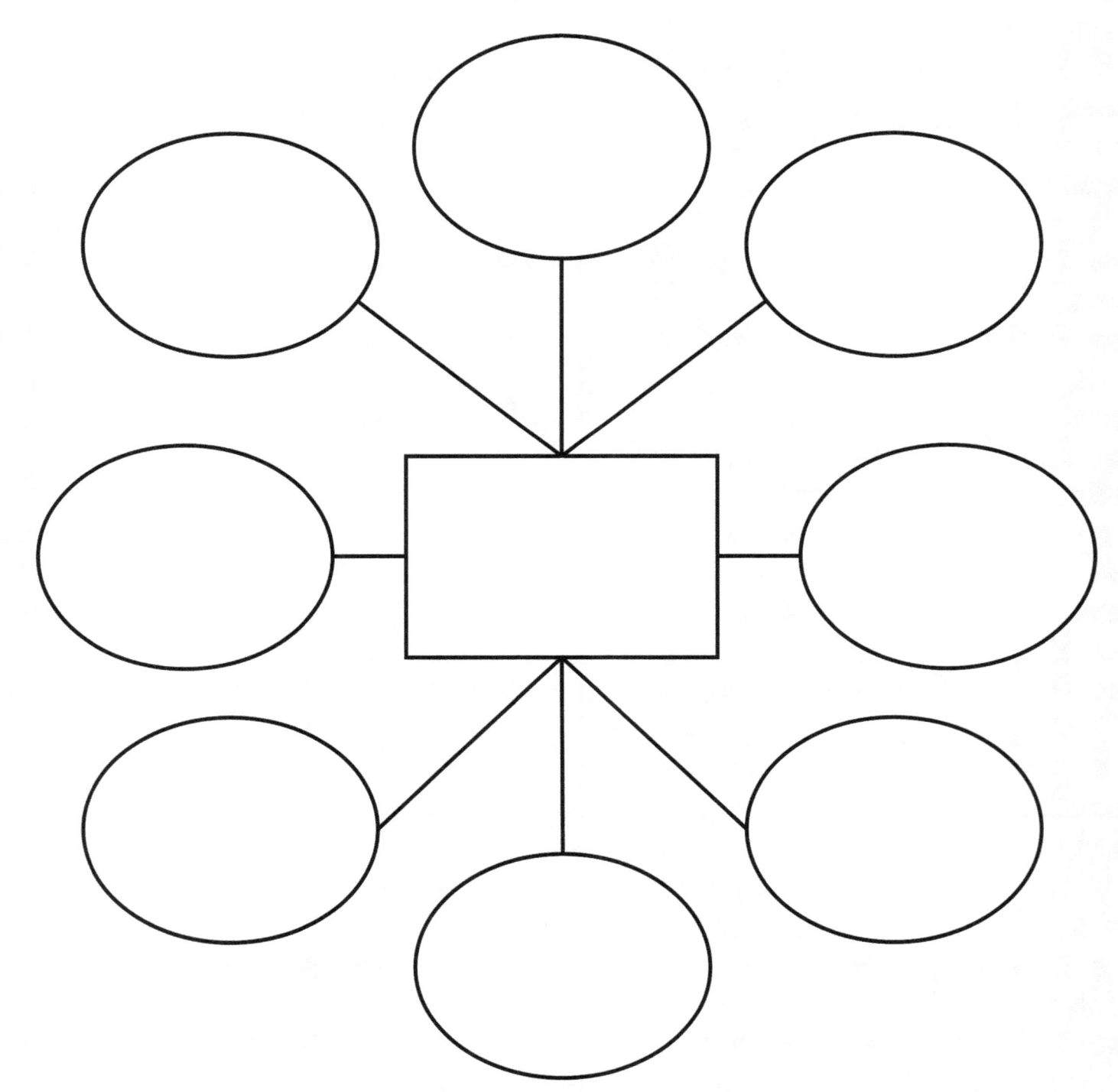

# Mind Tracker

| Goal | Goal |
|---|---|
|  |  |

| Steps | Steps |
|---|---|
| ○ | ○ |
| ○ | ○ |
| ○ | ○ |
| ○ | ○ |
| ○ | ○ |
| ○ | ○ |
| ○ | ○ |
| ○ | ○ |
| ○ | ○ |
| ○ | ○ |
| ○ | ○ |
| ○ | ○ |

| Results | Results |
|---|---|
|  |  |

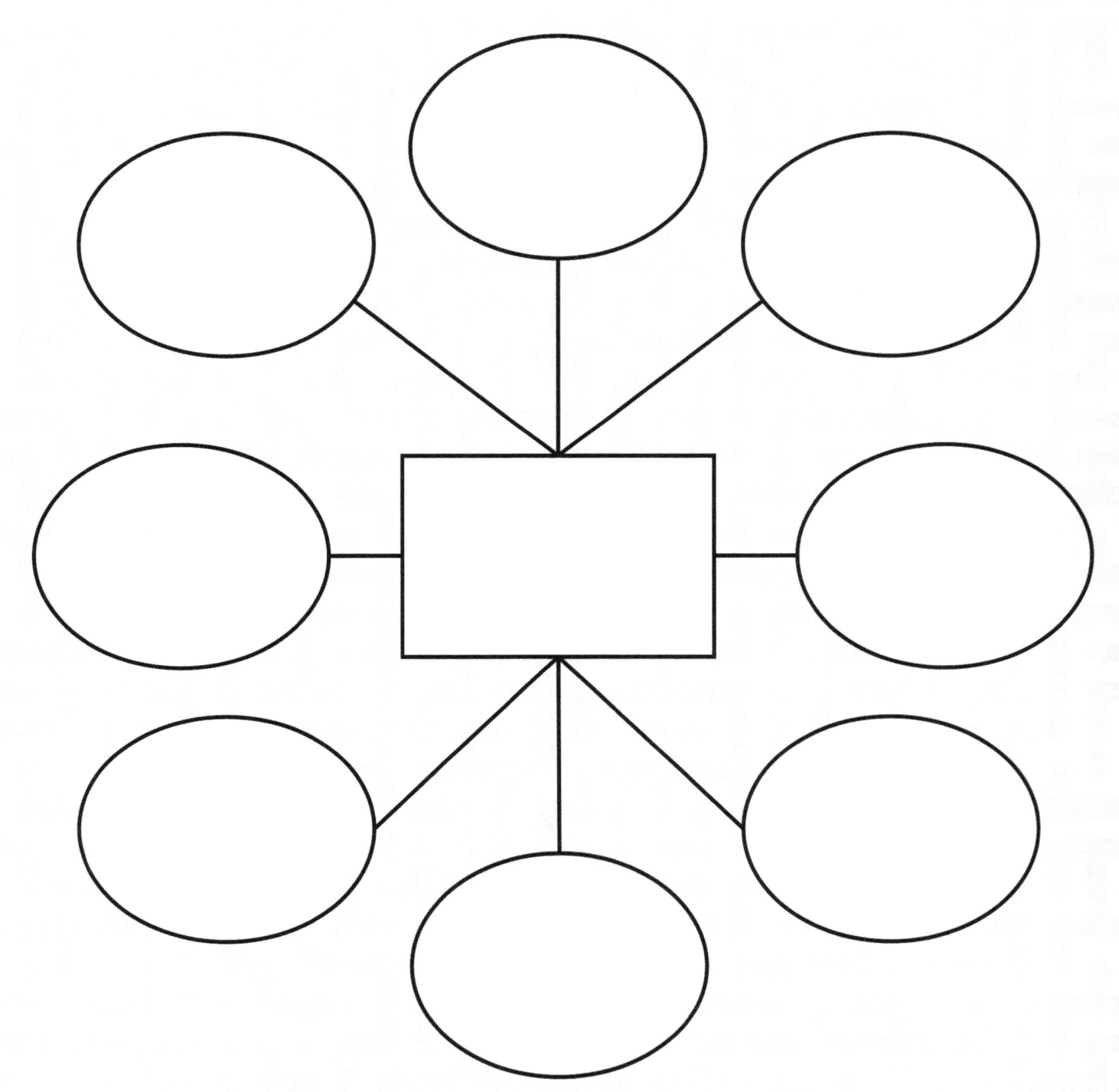

# Mind Tracker

| Goal | Goal |
|---|---|

## Steps

- ○ ............................
- ○ ............................
- ○ ............................
- ○ ............................
- ○ ............................
- ○ ............................
- ○ ............................
- ○ ............................
- ○ ............................
- ○ ............................
- ○ ............................
- ○ ............................
- ○ ............................

## Steps

- ○ ............................
- ○ ............................
- ○ ............................
- ○ ............................
- ○ ............................
- ○ ............................
- ○ ............................
- ○ ............................
- ○ ............................
- ○ ............................
- ○ ............................
- ○ ............................
- ○ ............................

Results

Results

www.ingramcontent.com/pod-product-compliance
Lightning Source LLC
Chambersburg PA
CBHW080459240426
43673CB00006B/242